试算平衡表

年　　月　　　　　　　　　　　　　　　　单位:元

序号	科目名称	期初余额		本期发生		期末余额	
		借方	贷方	借方	贷方	借方	贷方
合　计							

复核：　　　　　　　　　　　　　　　　制表：

试 算 平 衡 表

年　　月　　　　　　　　　　　　　　　　　　　　单位:元

序号	科目名称	期初余额		本期发生		期末余额	
		借方	贷方	借方	贷方	借方	贷方
合　计							

复核：　　　　　　　　　　　　　　　　制表：

试 算 平 衡 表

年　　月　　　　　　　　　　　　　　　　　　　　单位:元

序号	科目名称	期初余额		本期发生		期末余额	
		借方	贷方	借方	贷方	借方	贷方
合　计							

复核：　　　　　　　　　　　　制表：

资产负债表

会企01表

编制单位：________ ________年________月 单位：元

资　　产	期末余额	年初余额	负债和所有者权益(或股东股益)	期末余额	年初余额
流动资产：			流动负债：		
货币资金			短期借款		
交易性金融资产			交易性金融负债		
应收票据			应付票据		
应收账款			应付账款		
预付款项			预收款项		
应收利息			应付职工薪酬		
应收股息			应交税费		
其他应收款			应付利息		
存货			应付股利		
一年内到期的非流动资产			其他应付款		
其他流动资产			一年内到期的非流动负债		
流动资产合计			其他流动负债		
非流动资产：			流动负债合计		
可供出售金融资产			非流动负债：		
持有至到期投资			长期借款		
长期应收款			应付债券		
长期股权投资			长期应付款		
投资性房地产			专项应付款		
固定资产			预计负债		
在建工程			递延所得税负债		
工程物资			其他非流动负债		
固定资产清理			非流动负债合计		
生产性生物资产			负债合计		
油气资产			所有者权益(或股东权益)：		
无形资产			实收资本(或股本)		
开发支出			资本公积		
商誉			减：库存股		
长摊待摊费用			盈余公积		
递延所得税资产			未分配利润		
其他非流动资产			所有者权益(或股东权益)合计		
非流动资产合计					
资产总计			负债和所有者(或股东权益)合计		

企业负责人： 财会负责人： 复核： 制表：

资产负债表

会企01表

编制单位：________　　　　________年________月　　　　单位：元

资　　产	期末余额	年初余额	负债和所有者权益(或股东股益)	期末余额	年初余额
流动资产：			流动负债：		
货币资金			短期借款		
交易性金融资产			交易性金融负债		
应收票据			应付票据		
应收账款			应付账款		
预付款项			预收款项		
应收利息			应付职工薪酬		
应收股息			应交税费		
其他应收款			应付利息		
存货			应付股利		
一年内到期的非流动资产			其他应付款		
其他流动资产			一年内到期的非流动负债		
流动资产合计			其他流动负债		
非流动资产：			流动负债合计		
可供出售金融资产			非流动负债：		
持有至到期投资			长期借款		
长期应收款			应付债券		
长期股权投资			长期应付款		
投资性房地产			专项应付款		
固定资产			预计负债		
在建工程			递延所得税负债		
工程物资			其他非流动负债		
固定资产清理			非流动负债合计		
生产性生物资产			负债合计		
油气资产			所有者权益(或股东权益)：		
无形资产			实收资本(或股本)		
开发支出			资本公积		
商誉			减：库存股		
长摊待摊费用			盈余公积		
递延所得税资产			未分配利润		
其他非流动资产			所有者权益(或股东权益)合计		
非流动资产合计					
资产总计			负债和所有者(或股东权益)合计		

企业负责人：　　　　财会负责人：　　　　复核：　　　　制表：

利　润　表

会企 02 表

编制单位：________　　　　________年________月　　　　单位：元

项　　目	本月金额	本年累计金额	上年累计金额
一、营业收入			
减：营业成本			
营业税金及附加			
销售费用			
管理费用			
财务费用			
财产减值损失			
加：公允价值变动收益（损失以"－"号填列）			
投资收益（损失以"－"号填列）			
其中：对联营企业和合营企业的投资收益			
二、营业利润（亏损以"－"号填列）			
加：营业外收入			
减：营业外支出			
其中：非流动资产处置损失			
三、利润总额（亏损总额以"－"号填列）			
减：所得税费用			
四、净利润（净亏损以"－"号填列）			
五、每股收益：			
（一）基本每股收益			
（二）稀释每股收益			

利　润　表

会企 02 表

编制单位：________　　________年________月　　单位：元

项　　目	本月金额	本年累计金额	上年累计金额
一、营业收入			
减：营业成本			
营业税金及附加			
销售费用			
管理费用			
财务费用			
财产减值损失			
加：公允价值变动收益（损失以“－”号填列）			
投资收益（损失以“－”号填列）			
其中：对联营企业和合营企业的投资收益			
二、营业利润（亏损以“－”号填列）			
加：营业外收入			
减：营业外支出			
其中：非流动资产处置损失			
三、利润总额（亏损总额以“－”号填列）			
减：所得税费用			
四、净利润（净亏损以“－”号填列）			
五、每股收益：			
（一）基本每股收益			
（二）稀释每股收益			

现金流量表

会企 03 表

编制单位：________　　　　________年度　　　　单位：元

项　　　目	本月金额	上期金额
一、经营活动产生的现金流量：		
销售商品、提供劳务收到的现金		
收到的税费返还		
收到其他与经营活动有关的资金		
经营活动现金流入小计		
购买商品、接受劳务支付的现金		
支付给职工以及为职工支付的现金		
支付的各项税费		
支付其他与经营活动有关的现金		
经营活动现金流出小计		
经营活动产生的现金流量净额		
二、投资活动产生的现金流量		
收回投资收到的现金		
取得投资收益收到的现金		
处置固定资产、无形资产和其他长期资产收回的现金净额		
处置子公司及其他营业单位收到的现金净额		
收到其他与投资活动有关的现金		
投资活动现金流入小计		
购建固定资产、无形资产和其他长期资产支付的现金		
投资支付的现金		
取得子公司及其他营业单位支付的现金净额		
支付其他与投资活动有关的现金		
投资活动现金流出小计		
投资活动产生的现金流量净额		
三、筹资活动产生的现金流量：		
吸收投资收到的现金		
取得借款收到的现金		
收到其他与筹资活动有关的现金		
筹资活动现金流入小计		
偿还债务支付的现金		
分配股利、利润或偿付利息支付的现金		
支付其他与筹资活动有关的现金		
筹资活动现金流出小计		
筹资活动产生的现金流量净额		
四、汇率变动对现金及现金等价物的影响		
五、现金及现金等价物净增加额		
加：期初现金及现金等价物余额		
六、期末现金及现金等价物余额		

现 金 流 量 表

会企 03 表

编制单位：________　　　　　　________年度　　　　　　单位：元

项　　　目	本月金额	上期金额
一、经营活动产生的现金流量：		
销售商品、提供劳务收到的现金		
收到的税费返还		
收到其他与经营活动有关的资金		
经营活动现金流入小计		
购买商品、接受劳务支付的现金		
支付给职工以及为职工支付的现金		
支付的各项税费		
支付其他与经营活动有关的现金		
经营活动现金流出小计		
经营活动产生的现金流量净额		
二、投资活动产生的现金流量		
收回投资收到的现金		
取得投资收益收到的现金		
处置固定资产、无形资产和其他长期资产收回的现金净额		
处置子公司及其他营业单位收到的现金净额		
收到其他与投资活动有关的现金		
投资活动现金流入小计		
购建固定资产、无形资产和其他长期资产支付的现金		
投资支付的现金		
取得子公司及其他营业单位支付的现金净额		
支付其他与投资活动有关的现金		
投资活动现金流出小计		
投资活动产生的现金流量净额		
三、筹资活动产生的现金流量：		
吸收投资收到的现金		
取得借款收到的现金		
收到其他与筹资活动有关的现金		
筹资活动现金流入小计		
偿还债务支付的现金		
分配股利、利润或偿付利息支付的现金		
支付其他与筹资活动有关的现金		
筹资活动现金流出小计		
筹资活动产生的现金流量净额		
四、汇率变动对现金及现金等价物的影响		
五、现金及现金等价物净增加额		
加：期初现金及现金等价物余额		
六、期末现金及现金等价物余额		

总分类账账簿启用及交接表

单位名称		印鉴
账簿名称	（第　册）	
账簿编号		
账簿页数	本账簿共计　页（本账簿页数 检点人盖章）	
启用日期	公元　年　月　日	

经营人员	负责人		主办会计		复核		记账	
	姓名	盖章	姓名	盖章	姓名	盖章	姓名	盖章

接交记录	经营人员		接管				交出			
	职别	姓名	年	月	日	盖章	年	月	日	盖章
备注										

总分类账目录

编号	科　　目	起讫页码	编号	科　　目	起讫页码

年		凭证号数	摘要	对账√	借方											贷方											借或贷	余额										
月	日				亿	千	百	十	万	千	百	十	元	角	分	亿	千	百	十	万	千	百	十	元	角	分		亿	千	百	十	万	千	百	十	元	角	分

年		凭证号数	摘要	对账√	借方											贷方											借或贷	余额										
月	日				亿	千	百	十	万	千	百	十	元	角	分	亿	千	百	十	万	千	百	十	元	角	分		亿	千	百	十	万	千	百	十	元	角	分

年		凭证号数	摘要	对账√	借方											贷方											借或贷	余额										
月	日				亿	千	百	十	万	千	百	十	元	角	分	亿	千	百	十	万	千	百	十	元	角	分		亿	千	百	十	万	千	百	十	元	角	分

年		凭证号数	摘要	对账√	借方											贷方											借或贷	余额										
月	日				亿	千	百	十	万	千	百	十	元	角	分	亿	千	百	十	万	千	百	十	元	角	分		亿	千	百	十	万	千	百	十	元	角	分

年		凭证号数	摘要	对账√	借方											贷方											借或贷	余额										
月	日				亿	千	百	十	万	千	百	十	元	角	分	亿	千	百	十	万	千	百	十	元	角	分		亿	千	百	十	万	千	百	十	元	角	分

年		凭证号数	摘要	对账√	借方											贷方											借或贷	余额										
月	日				亿	千	百	十	万	千	百	十	元	角	分	亿	千	百	十	万	千	百	十	元	角	分		亿	千	百	十	万	千	百	十	元	角	分

年		凭证号数	摘要	对账√	借方											贷方											借或贷	余额										
月	日				亿	千	百	十	万	千	百	十	元	角	分	亿	千	百	十	万	千	百	十	元	角	分		亿	千	百	十	万	千	百	十	元	角	分

年		凭证号数	摘要	对账√	借方											贷方											借或贷	余额										
月	日				亿	千	百	十	万	千	百	十	元	角	分	亿	千	百	十	万	千	百	十	元	角	分		亿	千	百	十	万	千	百	十	元	角	分

年		凭证号数	摘要	对账√	借方											贷方											借或贷	余额										
月	日				亿	千	百	十	万	千	百	十	元	角	分	亿	千	百	十	万	千	百	十	元	角	分		亿	千	百	十	万	千	百	十	元	角	分

年		凭证号数	摘要	对账√	借方											贷方											借或贷	余额										
月	日				亿	千	百	十	万	千	百	十	元	角	分	亿	千	百	十	万	千	百	十	元	角	分		亿	千	百	十	万	千	百	十	元	角	分

年		凭证号数	摘要	对账√	借方											贷方											借或贷	余额										
月	日				亿	千	百	十	万	千	百	十	元	角	分	亿	千	百	十	万	千	百	十	元	角	分		亿	千	百	十	万	千	百	十	元	角	分

年		凭证号数	摘要	对账√	借方											贷方											借或贷	余额										
月	日				亿	千	百	十	万	千	百	十	元	角	分	亿	千	百	十	万	千	百	十	元	角	分		亿	千	百	十	万	千	百	十	元	角	分

年		凭证号数	摘要	对账√	借方											贷方											借或贷	余额										
月	日				亿	千	百	十	万	千	百	十	元	角	分	亿	千	百	十	万	千	百	十	元	角	分		亿	千	百	十	万	千	百	十	元	角	分

年		凭证号数	摘要	对账√	借方											贷方											借或贷	余额										
月	日				亿	千	百	十	万	千	百	十	元	角	分	亿	千	百	十	万	千	百	十	元	角	分		亿	千	百	十	万	千	百	十	元	角	分

年		凭证号数	摘要	对账√	借方											贷方											借或贷	余额										
月	日				亿	千	百	十	万	千	百	十	元	角	分	亿	千	百	十	万	千	百	十	元	角	分		亿	千	百	十	万	千	百	十	元	角	分

年		凭证号数	摘要	对账√	借方											贷方											借或贷	余额										
月	日				亿	千	百	十	万	千	百	十	元	角	分	亿	千	百	十	万	千	百	十	元	角	分		亿	千	百	十	万	千	百	十	元	角	分

年		凭证号数	摘要	对账√	借方											贷方											借或贷	余额										
月	日				亿	千	百	十	万	千	百	十	元	角	分	亿	千	百	十	万	千	百	十	元	角	分		亿	千	百	十	万	千	百	十	元	角	分

年		凭证号数	摘要	对账√	借方											贷方											借或贷	余额										
月	日				亿	千	百	十	万	千	百	十	元	角	分	亿	千	百	十	万	千	百	十	元	角	分		亿	千	百	十	万	千	百	十	元	角	分

年		凭证号数	摘要	对账√	借方											贷方											借或贷	余额										
月	日				亿	千	百	十	万	千	百	十	元	角	分	亿	千	百	十	万	千	百	十	元	角	分		亿	千	百	十	万	千	百	十	元	角	分

年		凭证号数	摘要	对账√	借方											贷方											借或贷	余额										
月	日				亿	千	百	十	万	千	百	十	元	角	分	亿	千	百	十	万	千	百	十	元	角	分		亿	千	百	十	万	千	百	十	元	角	分

年		凭证号数	摘要	对账√	借方											贷方											借或贷	余额										
月	日				亿	千	百	十	万	千	百	十	元	角	分	亿	千	百	十	万	千	百	十	元	角	分		亿	千	百	十	万	千	百	十	元	角	分

年		凭证号数	摘要	对账√	借方											贷方											借或贷	余额										
月	日				亿	千	百	十	万	千	百	十	元	角	分	亿	千	百	十	万	千	百	十	元	角	分		亿	千	百	十	万	千	百	十	元	角	分

年		凭证号数	摘要	对账√	借方											贷方											借或贷	余额										
月	日				亿	千	百	十	万	千	百	十	元	角	分	亿	千	百	十	万	千	百	十	元	角	分		亿	千	百	十	万	千	百	十	元	角	分

年		凭证号数	摘要	对账√	借方											贷方											借或贷	余额										
月	日				亿	千	百	十	万	千	百	十	元	角	分	亿	千	百	十	万	千	百	十	元	角	分		亿	千	百	十	万	千	百	十	元	角	分

年		凭证号数	摘要	对账√	借方											贷方											借或贷	余额										
月	日				亿	千	百	十	万	千	百	十	元	角	分	亿	千	百	十	万	千	百	十	元	角	分		亿	千	百	十	万	千	百	十	元	角	分

年		凭证号数	摘要	对账√	借方											贷方											借或贷	余额										
月	日				亿	千	百	十	万	千	百	十	元	角	分	亿	千	百	十	万	千	百	十	元	角	分		亿	千	百	十	万	千	百	十	元	角	分

年		凭证号数	摘要	对账√	借方											贷方											借或贷	余额										
月	日				亿	千	百	十	万	千	百	十	元	角	分	亿	千	百	十	万	千	百	十	元	角	分		亿	千	百	十	万	千	百	十	元	角	分

年		凭证号数	摘要	对账√	借方											贷方											借或贷	余额										
月	日				亿	千	百	十	万	千	百	十	元	角	分	亿	千	百	十	万	千	百	十	元	角	分		亿	千	百	十	万	千	百	十	元	角	分

年		凭证号数	摘要	对账√	借方											贷方											借或贷	余额										
月	日				亿	千	百	十	万	千	百	十	元	角	分	亿	千	百	十	万	千	百	十	元	角	分		亿	千	百	十	万	千	百	十	元	角	分

年		凭证号数	摘要	对账√	借方											贷方											借或贷	余额										
月	日				亿	千	百	十	万	千	百	十	元	角	分	亿	千	百	十	万	千	百	十	元	角	分		亿	千	百	十	万	千	百	十	元	角	分

年		凭证号数	摘要	对账√	借方											贷方											借或贷	余额										
月	日				亿	千	百	十	万	千	百	十	元	角	分	亿	千	百	十	万	千	百	十	元	角	分		亿	千	百	十	万	千	百	十	元	角	分

年		凭证号数	摘要	对账√	借方											贷方											借或贷	余额										
月	日				亿	千	百	十	万	千	百	十	元	角	分	亿	千	百	十	万	千	百	十	元	角	分		亿	千	百	十	万	千	百	十	元	角	分

年		凭证号数	摘要	对账√	借方											贷方											借或贷	余额										
月	日				亿	千	百	十	万	千	百	十	元	角	分	亿	千	百	十	万	千	百	十	元	角	分		亿	千	百	十	万	千	百	十	元	角	分

年		凭证号数	摘要	对账√	借方											贷方											借或贷	余额										
月	日				亿	千	百	十	万	千	百	十	元	角	分	亿	千	百	十	万	千	百	十	元	角	分		亿	千	百	十	万	千	百	十	元	角	分

年		凭证号数	摘要	对账√	借方											贷方											借或贷	余额										
月	日				亿	千	百	十	万	千	百	十	元	角	分	亿	千	百	十	万	千	百	十	元	角	分		亿	千	百	十	万	千	百	十	元	角	分

年		凭证号数	摘要	对账√	借方											贷方											借或贷	余额										
月	日				亿	千	百	十	万	千	百	十	元	角	分	亿	千	百	十	万	千	百	十	元	角	分		亿	千	百	十	万	千	百	十	元	角	分

年		凭证号数	摘要	对账√	借方											贷方											借或贷	余额										
月	日				亿	千	百	十	万	千	百	十	元	角	分	亿	千	百	十	万	千	百	十	元	角	分		亿	千	百	十	万	千	百	十	元	角	分

年		凭证号数	摘要	对账√	借方											贷方											借或贷	余额										
月	日				亿	千	百	十	万	千	百	十	元	角	分	亿	千	百	十	万	千	百	十	元	角	分		亿	千	百	十	万	千	百	十	元	角	分

年		凭证号数	摘要	对账√	借方											贷方											借或贷	余额										
月	日				亿	千	百	十	万	千	百	十	元	角	分	亿	千	百	十	万	千	百	十	元	角	分		亿	千	百	十	万	千	百	十	元	角	分

年		凭证号数	摘要	对账√	借方											贷方											借或贷	余额										
月	日				亿	千	百	十	万	千	百	十	元	角	分	亿	千	百	十	万	千	百	十	元	角	分		亿	千	百	十	万	千	百	十	元	角	分

年		凭证号数	摘要	对账√	借方											贷方											借或贷	余额										
月	日				亿	千	百	十	万	千	百	十	元	角	分	亿	千	百	十	万	千	百	十	元	角	分		亿	千	百	十	万	千	百	十	元	角	分

年		凭证号数	摘要	对账√	借方											贷方											借或贷	余额										
月	日				亿	千	百	十	万	千	百	十	元	角	分	亿	千	百	十	万	千	百	十	元	角	分		亿	千	百	十	万	千	百	十	元	角	分

年		凭证号数	摘要	对账√	借方											贷方											借或贷	余额										
月	日				亿	千	百	十	万	千	百	十	元	角	分	亿	千	百	十	万	千	百	十	元	角	分		亿	千	百	十	万	千	百	十	元	角	分

年		凭证号数	摘要	对账√	借方											贷方											借或贷	余额										
月	日				亿	千	百	十	万	千	百	十	元	角	分	亿	千	百	十	万	千	百	十	元	角	分		亿	千	百	十	万	千	百	十	元	角	分

年		凭证号数	摘要	对账√	借方											贷方											借或贷	余额										
月	日				亿	千	百	十	万	千	百	十	元	角	分	亿	千	百	十	万	千	百	十	元	角	分		亿	千	百	十	万	千	百	十	元	角	分

年		凭证号数	摘要	对账√	借方											贷方											借或贷	余额										
月	日				亿	千	百	十	万	千	百	十	元	角	分	亿	千	百	十	万	千	百	十	元	角	分		亿	千	百	十	万	千	百	十	元	角	分

年		凭证号数	摘要	对账√	借方											贷方											借或贷	余额										
月	日				亿	千	百	十	万	千	百	十	元	角	分	亿	千	百	十	万	千	百	十	元	角	分		亿	千	百	十	万	千	百	十	元	角	分

年		凭证号数	摘要	对账√	借方											贷方											借或贷	余额										
月	日				亿	千	百	十	万	千	百	十	元	角	分	亿	千	百	十	万	千	百	十	元	角	分		亿	千	百	十	万	千	百	十	元	角	分

年		凭证号数	摘要	对账√	借方											贷方											借或贷	余额										
月	日				亿	千	百	十	万	千	百	十	元	角	分	亿	千	百	十	万	千	百	十	元	角	分		亿	千	百	十	万	千	百	十	元	角	分

年		凭证号数	摘要	对账√	借方											贷方											借或贷	余额										
月	日				亿	千	百	十	万	千	百	十	元	角	分	亿	千	百	十	万	千	百	十	元	角	分		亿	千	百	十	万	千	百	十	元	角	分

年		凭证号数	摘要	对账√	借方											贷方											借或贷	余额										
月	日				亿	千	百	十	万	千	百	十	元	角	分	亿	千	百	十	万	千	百	十	元	角	分		亿	千	百	十	万	千	百	十	元	角	分

年		凭证号数	摘要	对账√	借方											贷方											借或贷	余额										
月	日				亿	千	百	十	万	千	百	十	元	角	分	亿	千	百	十	万	千	百	十	元	角	分		亿	千	百	十	万	千	百	十	元	角	分

年		凭证号数	摘要	对账√	借方											贷方											借或贷	余额										
月	日				亿	千	百	十	万	千	百	十	元	角	分	亿	千	百	十	万	千	百	十	元	角	分		亿	千	百	十	万	千	百	十	元	角	分

年		凭证号数	摘要	对账√	借方											贷方											借或贷	余额										
月	日				亿	千	百	十	万	千	百	十	元	角	分	亿	千	百	十	万	千	百	十	元	角	分		亿	千	百	十	万	千	百	十	元	角	分

年		凭证号数	摘要	对账√	借方											贷方											借或贷	余额										
月	日				亿	千	百	十	万	千	百	十	元	角	分	亿	千	百	十	万	千	百	十	元	角	分		亿	千	百	十	万	千	百	十	元	角	分

年		凭证号数	摘要	对账√	借方											贷方											借或贷	余额										
月	日				亿	千	百	十	万	千	百	十	元	角	分	亿	千	百	十	万	千	百	十	元	角	分		亿	千	百	十	万	千	百	十	元	角	分

年		凭证号数	摘要	对账√	借方											贷方											借或贷	余额										
月	日				亿	千	百	十	万	千	百	十	元	角	分	亿	千	百	十	万	千	百	十	元	角	分		亿	千	百	十	万	千	百	十	元	角	分

年		凭证号数	摘要	对账√	借方											贷方											借或贷	余额										
月	日				亿	千	百	十	万	千	百	十	元	角	分	亿	千	百	十	万	千	百	十	元	角	分		亿	千	百	十	万	千	百	十	元	角	分

年		凭证号数	摘要	对账√	借方											贷方											借或贷	余额										
月	日				亿	千	百	十	万	千	百	十	元	角	分	亿	千	百	十	万	千	百	十	元	角	分		亿	千	百	十	万	千	百	十	元	角	分

年		凭证号数	摘要	对账√	借方											贷方											借或贷	余额										
月	日				亿	千	百	十	万	千	百	十	元	角	分	亿	千	百	十	万	千	百	十	元	角	分		亿	千	百	十	万	千	百	十	元	角	分

年		凭证号数	摘要	对账√	借方											贷方											借或贷	余额										
月	日				亿	千	百	十	万	千	百	十	元	角	分	亿	千	百	十	万	千	百	十	元	角	分		亿	千	百	十	万	千	百	十	元	角	分

年		凭证号数	摘要	对账√	借方											贷方											借或贷	余额										
月	日				亿	千	百	十	万	千	百	十	元	角	分	亿	千	百	十	万	千	百	十	元	角	分		亿	千	百	十	万	千	百	十	元	角	分

年		凭证号数	摘要	对账√	借方											贷方											借或贷	余额										
月	日				亿	千	百	十	万	千	百	十	元	角	分	亿	千	百	十	万	千	百	十	元	角	分		亿	千	百	十	万	千	百	十	元	角	分

年		凭证号数	摘要	对账√	借方											贷方											借或贷	余额										
月	日				亿	千	百	十	万	千	百	十	元	角	分	亿	千	百	十	万	千	百	十	元	角	分		亿	千	百	十	万	千	百	十	元	角	分

年		凭证号数	摘要	对账√	借方											贷方											借或贷	余额										
月	日				亿	千	百	十	万	千	百	十	元	角	分	亿	千	百	十	万	千	百	十	元	角	分		亿	千	百	十	万	千	百	十	元	角	分

年		凭证号数	摘要	对账√	借方											贷方											借或贷	余额										
月	日				亿	千	百	十	万	千	百	十	元	角	分	亿	千	百	十	万	千	百	十	元	角	分		亿	千	百	十	万	千	百	十	元	角	分

年		凭证号数	摘要	对账√	借方											贷方											借或贷	余额										
月	日				亿	千	百	十	万	千	百	十	元	角	分	亿	千	百	十	万	千	百	十	元	角	分		亿	千	百	十	万	千	百	十	元	角	分

年		凭证号数	摘要	对账√	借方											贷方											借或贷	余额										
月	日				亿	千	百	十	万	千	百	十	元	角	分	亿	千	百	十	万	千	百	十	元	角	分		亿	千	百	十	万	千	百	十	元	角	分

年		凭证号数	摘要	对账√	借方											贷方											借或贷	余额										
月	日				亿	千	百	十	万	千	百	十	元	角	分	亿	千	百	十	万	千	百	十	元	角	分		亿	千	百	十	万	千	百	十	元	角	分

年		凭证号数	摘要	对账√	借方											贷方											借或贷	余额										
月	日				亿	千	百	十	万	千	百	十	元	角	分	亿	千	百	十	万	千	百	十	元	角	分		亿	千	百	十	万	千	百	十	元	角	分

年		凭证号数	摘要	对账√	借方											贷方											借或贷	余额										
月	日				亿	千	百	十	万	千	百	十	元	角	分	亿	千	百	十	万	千	百	十	元	角	分		亿	千	百	十	万	千	百	十	元	角	分

年		凭证号数	摘要	对账√	借方											贷方											借或贷	余额										
月	日				亿	千	百	十	万	千	百	十	元	角	分	亿	千	百	十	万	千	百	十	元	角	分		亿	千	百	十	万	千	百	十	元	角	分

年		凭证号数	摘要	对账√	借方											贷方											借或贷	余额										
月	日				亿	千	百	十	万	千	百	十	元	角	分	亿	千	百	十	万	千	百	十	元	角	分		亿	千	百	十	万	千	百	十	元	角	分

年		凭证号数	摘要	对账√	借方											贷方											借或贷	余额										
月	日				亿	千	百	十	万	千	百	十	元	角	分	亿	千	百	十	万	千	百	十	元	角	分		亿	千	百	十	万	千	百	十	元	角	分

年		凭证号数	摘要	对账√	借方											贷方											借或贷	余额										
月	日				亿	千	百	十	万	千	百	十	元	角	分	亿	千	百	十	万	千	百	十	元	角	分		亿	千	百	十	万	千	百	十	元	角	分

年		凭证号数	摘要	对账√	借方											贷方											借或贷	余额										
月	日				亿	千	百	十	万	千	百	十	元	角	分	亿	千	百	十	万	千	百	十	元	角	分		亿	千	百	十	万	千	百	十	元	角	分

年		凭证号数	摘要	对账√	借方											贷方											借或贷	余额										
月	日				亿	千	百	十	万	千	百	十	元	角	分	亿	千	百	十	万	千	百	十	元	角	分		亿	千	百	十	万	千	百	十	元	角	分

年		凭证号数	摘要	对账√	借方											贷方											借或贷	余额										
月	日				亿	千	百	十	万	千	百	十	元	角	分	亿	千	百	十	万	千	百	十	元	角	分		亿	千	百	十	万	千	百	十	元	角	分

年		凭证号数	摘要	对账√	借方											贷方											借或贷	余额										
月	日				亿	千	百	十	万	千	百	十	元	角	分	亿	千	百	十	万	千	百	十	元	角	分		亿	千	百	十	万	千	百	十	元	角	分

年		凭证号数	摘要	对账√	借方											贷方											借或贷	余额										
月	日				亿	千	百	十	万	千	百	十	元	角	分	亿	千	百	十	万	千	百	十	元	角	分		亿	千	百	十	万	千	百	十	元	角	分

年		凭证号数	摘要	对账√	借方											贷方											借或贷	余额										
月	日				亿	千	百	十	万	千	百	十	元	角	分	亿	千	百	十	万	千	百	十	元	角	分		亿	千	百	十	万	千	百	十	元	角	分

年		凭证号数	摘要	对账√	借方											贷方											借或贷	余额										
月	日				亿	千	百	十	万	千	百	十	元	角	分	亿	千	百	十	万	千	百	十	元	角	分		亿	千	百	十	万	千	百	十	元	角	分

年		凭证号数	摘要	对账√	借方											贷方											借或贷	余额										
月	日				亿	千	百	十	万	千	百	十	元	角	分	亿	千	百	十	万	千	百	十	元	角	分		亿	千	百	十	万	千	百	十	元	角	分

年		凭证号数	摘要	对账√	借方											贷方											借或贷	余额										
月	日				亿	千	百	十	万	千	百	十	元	角	分	亿	千	百	十	万	千	百	十	元	角	分		亿	千	百	十	万	千	百	十	元	角	分

年		凭证号数	摘要	对账√	借方											贷方											借或贷	余额										
月	日				亿	千	百	十	万	千	百	十	元	角	分	亿	千	百	十	万	千	百	十	元	角	分		亿	千	百	十	万	千	百	十	元	角	分

年		凭证号数	摘要	对账√	借方											贷方											借或贷	余额										
月	日				亿	千	百	十	万	千	百	十	元	角	分	亿	千	百	十	万	千	百	十	元	角	分		亿	千	百	十	万	千	百	十	元	角	分

年		凭证号数	摘要	对账√	借方											贷方											借或贷	余额										
月	日				亿	千	百	十	万	千	百	十	元	角	分	亿	千	百	十	万	千	百	十	元	角	分		亿	千	百	十	万	千	百	十	元	角	分

年		凭证号数	摘要	对账√	借方											贷方											借或贷	余额										
月	日				亿	千	百	十	万	千	百	十	元	角	分	亿	千	百	十	万	千	百	十	元	角	分		亿	千	百	十	万	千	百	十	元	角	分

年		凭证号数	摘要	对账√	借方											贷方											借或贷	余额										
月	日				亿	千	百	十	万	千	百	十	元	角	分	亿	千	百	十	万	千	百	十	元	角	分		亿	千	百	十	万	千	百	十	元	角	分

年		凭证号数	摘要	对账√	借方											贷方											借或贷	余额										
月	日				亿	千	百	十	万	千	百	十	元	角	分	亿	千	百	十	万	千	百	十	元	角	分		亿	千	百	十	万	千	百	十	元	角	分

年		凭证号数	摘要	对账√	借方											贷方											借或贷	余额										
月	日				亿	千	百	十	万	千	百	十	元	角	分	亿	千	百	十	万	千	百	十	元	角	分		亿	千	百	十	万	千	百	十	元	角	分

年		凭证号数	摘要	对账√	借方											贷方											借或贷	余额										
月	日				亿	千	百	十	万	千	百	十	元	角	分	亿	千	百	十	万	千	百	十	元	角	分		亿	千	百	十	万	千	百	十	元	角	分

年		凭证号数	摘要	对账√	借方											贷方											借或贷	余额										
月	日				亿	千	百	十	万	千	百	十	元	角	分	亿	千	百	十	万	千	百	十	元	角	分		亿	千	百	十	万	千	百	十	元	角	分

年		凭证号数	摘要	对账√	借方											贷方											借或贷	余额										
月	日				亿	千	百	十	万	千	百	十	元	角	分	亿	千	百	十	万	千	百	十	元	角	分		亿	千	百	十	万	千	百	十	元	角	分

年		凭证号数	摘要	对账√	借方											贷方											借或贷	余额										
月	日				亿	千	百	十	万	千	百	十	元	角	分	亿	千	百	十	万	千	百	十	元	角	分		亿	千	百	十	万	千	百	十	元	角	分

年		凭证号数	摘要	对账√	借方											贷方											借或贷	余额										
月	日				亿	千	百	十	万	千	百	十	元	角	分	亿	千	百	十	万	千	百	十	元	角	分		亿	千	百	十	万	千	百	十	元	角	分

年		凭证号数	摘要	对账√	借方											贷方											借或贷	余额										
月	日				亿	千	百	十	万	千	百	十	元	角	分	亿	千	百	十	万	千	百	十	元	角	分		亿	千	百	十	万	千	百	十	元	角	分

年		凭证号数	摘要	对账√	借方											贷方											借或贷	余额										
月	日				亿	千	百	十	万	千	百	十	元	角	分	亿	千	百	十	万	千	百	十	元	角	分		亿	千	百	十	万	千	百	十	元	角	分

年		凭证号数	摘要	对账√	借方											贷方											借或贷	余额										
月	日				亿	千	百	十	万	千	百	十	元	角	分	亿	千	百	十	万	千	百	十	元	角	分		亿	千	百	十	万	千	百	十	元	角	分

年		凭证号数	摘要	对账√	借方											贷方											借或贷	余额										
月	日				亿	千	百	十	万	千	百	十	元	角	分	亿	千	百	十	万	千	百	十	元	角	分		亿	千	百	十	万	千	百	十	元	角	分

年		凭证号数	摘要	对账√	借方											贷方											借或贷	余额										
月	日				亿	千	百	十	万	千	百	十	元	角	分	亿	千	百	十	万	千	百	十	元	角	分		亿	千	百	十	万	千	百	十	元	角	分

年		凭证号数	摘要	对账√	借方											贷方											借或贷	余额										
月	日				亿	千	百	十	万	千	百	十	元	角	分	亿	千	百	十	万	千	百	十	元	角	分		亿	千	百	十	万	千	百	十	元	角	分

年		凭证号数	摘要	对账√	借方											贷方											借或贷	余额										
月	日				亿	千	百	十	万	千	百	十	元	角	分	亿	千	百	十	万	千	百	十	元	角	分		亿	千	百	十	万	千	百	十	元	角	分

年		凭证号数	摘要	对账√	借方											贷方											借或贷	余额										
月	日				亿	千	百	十	万	千	百	十	元	角	分	亿	千	百	十	万	千	百	十	元	角	分		亿	千	百	十	万	千	百	十	元	角	分

年		凭证号数	摘要	对账√	借方											贷方											借或贷	余额										
月	日				亿	千	百	十	万	千	百	十	元	角	分	亿	千	百	十	万	千	百	十	元	角	分		亿	千	百	十	万	千	百	十	元	角	分

年		凭证号数	摘要	对账√	借方											贷方											借或贷	余额										
月	日				亿	千	百	十	万	千	百	十	元	角	分	亿	千	百	十	万	千	百	十	元	角	分		亿	千	百	十	万	千	百	十	元	角	分

年		凭证号数	摘要	对账√	借方											贷方											借或贷	余额										
月	日				亿	千	百	十	万	千	百	十	元	角	分	亿	千	百	十	万	千	百	十	元	角	分		亿	千	百	十	万	千	百	十	元	角	分

年		凭证号数	摘要	对账√	借方											贷方											借或贷	余额										
月	日				亿	千	百	十	万	千	百	十	元	角	分	亿	千	百	十	万	千	百	十	元	角	分		亿	千	百	十	万	千	百	十	元	角	分

年		凭证号数	摘要	对账√	借方											贷方											借或贷	余额										
月	日				亿	千	百	十	万	千	百	十	元	角	分	亿	千	百	十	万	千	百	十	元	角	分		亿	千	百	十	万	千	百	十	元	角	分

年		凭证号数	摘要	对账√	借方											贷方											借或贷	余额										
月	日				亿	千	百	十	万	千	百	十	元	角	分	亿	千	百	十	万	千	百	十	元	角	分		亿	千	百	十	万	千	百	十	元	角	分

年		凭证号数	摘要	对账√	借方											贷方											借或贷	余额										
月	日				亿	千	百	十	万	千	百	十	元	角	分	亿	千	百	十	万	千	百	十	元	角	分		亿	千	百	十	万	千	百	十	元	角	分

年		凭证号数	摘要	对账√	借方											贷方											借或贷	余额										
月	日				亿	千	百	十	万	千	百	十	元	角	分	亿	千	百	十	万	千	百	十	元	角	分		亿	千	百	十	万	千	百	十	元	角	分

年		凭证号数	摘要	对账√	借方											贷方											借或贷	余额										
月	日				亿	千	百	十	万	千	百	十	元	角	分	亿	千	百	十	万	千	百	十	元	角	分		亿	千	百	十	万	千	百	十	元	角	分

年		凭证号数	摘要	对账√	借方											贷方											借或贷	余额										
月	日				亿	千	百	十	万	千	百	十	元	角	分	亿	千	百	十	万	千	百	十	元	角	分		亿	千	百	十	万	千	百	十	元	角	分

年		凭证号数	摘要	对账√	借方											贷方											借或贷	余额										
月	日				亿	千	百	十	万	千	百	十	元	角	分	亿	千	百	十	万	千	百	十	元	角	分		亿	千	百	十	万	千	百	十	元	角	分

年		凭证号数	摘要	对账√	借方											贷方											借或贷	余额										
月	日				亿	千	百	十	万	千	百	十	元	角	分	亿	千	百	十	万	千	百	十	元	角	分		亿	千	百	十	万	千	百	十	元	角	分

年		凭证号数	摘要	对账√	借方											贷方											借或贷	余额										
月	日				亿	千	百	十	万	千	百	十	元	角	分	亿	千	百	十	万	千	百	十	元	角	分		亿	千	百	十	万	千	百	十	元	角	分

年		凭证号数	摘要	对账√	借方											贷方											借或贷	余额										
月	日				亿	千	百	十	万	千	百	十	元	角	分	亿	千	百	十	万	千	百	十	元	角	分		亿	千	百	十	万	千	百	十	元	角	分

年		凭证号数	摘要	对账√	借方											贷方											借或贷	余额										
月	日				亿	千	百	十	万	千	百	十	元	角	分	亿	千	百	十	万	千	百	十	元	角	分		亿	千	百	十	万	千	百	十	元	角	分

年		凭证号数	摘要	对账√	借方											贷方											借或贷	余额										
月	日				亿	千	百	十	万	千	百	十	元	角	分	亿	千	百	十	万	千	百	十	元	角	分		亿	千	百	十	万	千	百	十	元	角	分

年		凭证号数	摘要	对账√	借方											贷方											借或贷	余额										
月	日				亿	千	百	十	万	千	百	十	元	角	分	亿	千	百	十	万	千	百	十	元	角	分		亿	千	百	十	万	千	百	十	元	角	分

年		凭证号数	摘要	对账√	借方											贷方											借或贷	余额										
月	日				亿	千	百	十	万	千	百	十	元	角	分	亿	千	百	十	万	千	百	十	元	角	分		亿	千	百	十	万	千	百	十	元	角	分

年		凭证号数	摘要	对账√	借方											贷方											借或贷	余额										
月	日				亿	千	百	十	万	千	百	十	元	角	分	亿	千	百	十	万	千	百	十	元	角	分		亿	千	百	十	万	千	百	十	元	角	分

年		凭证号数	摘要	对账√	借方											贷方											借或贷	余额										
月	日				亿	千	百	十	万	千	百	十	元	角	分	亿	千	百	十	万	千	百	十	元	角	分		亿	千	百	十	万	千	百	十	元	角	分

账簿启用及交接表

机构名称		印鉴
账簿名称	（第　　册）	
账簿编号		
账簿页数	本账簿共计　　页（本账簿页数 检点人盖章　　）	
启用日期	公元　　年　　月　　日	

经营人员	负责人		主办会计		复核		记账	
	姓名	盖章	姓名	盖章	姓名	盖章	姓名	盖章

接交记录	经营人员		接管				交出			
	职别	姓名	年	月	日	盖章	年	月	日	盖章

备注	

账 簿 目 录 表

账 户 名 称	账号	总页码	账 户 名 称	账号	总页码	账 户 名 称	账号	总页码

年		凭证号数	对方科目	摘　　要	√	收入（借方）金额										付出（贷方）金额										结余金额									
月	日					千	百	十	万	千	百	十	元	角	分	千	百	十	万	千	百	十	元	角	分	千	百	十	万	千	百	十	元	角	分

年		凭证号数	对方科目	摘　　要	√	收入(借方)金额										付出(贷方)金额										结余金额									
月	日					千	百	十	万	千	百	十	元	角	分	千	百	十	万	千	百	十	元	角	分	千	百	十	万	千	百	十	元	角	分

年		凭证号数	对方科目	摘要	√	收入(借方)金额										付出(贷方)金额										结余金额									
月	日					千	百	十	万	千	百	十	元	角	分	千	百	十	万	千	百	十	元	角	分	千	百	十	万	千	百	十	元	角	分

年		凭证号数	对方科目	摘　要	√	收入（借方）金额										付出（贷方）金额										结余金额									
月	日					千	百	十	万	千	百	十	元	角	分	千	百	十	万	千	百	十	元	角	分	千	百	十	万	千	百	十	元	角	分

年		凭证号数	对方科目	摘　　要	√	收入(借方)金额										付出(贷方)金额										结余金额									
月	日					千	百	十	万	千	百	十	元	角	分	千	百	十	万	千	百	十	元	角	分	千	百	十	万	千	百	十	元	角	分

年		凭证号数	对方科目	摘要	√	收入(借方)金额										付出(贷方)金额										结余金额									
月	日					千	百	十	万	千	百	十	元	角	分	千	百	十	万	千	百	十	元	角	分	千	百	十	万	千	百	十	元	角	分

年		凭证号数	对方科目	摘要	√	收入(借方)金额										付出(贷方)金额										结余金额									
月	日					千	百	十	万	千	百	十	元	角	分	千	百	十	万	千	百	十	元	角	分	千	百	十	万	千	百	十	元	角	分

年		凭证号数	对方科目	摘　　　要	√	收入(借方)金额										付出(贷方)金额										结余金额									
月	日					千	百	十	万	千	百	十	元	角	分	千	百	十	万	千	百	十	元	角	分	千	百	十	万	千	百	十	元	角	分

年		凭证号数	对方科目	摘要	√	收入(借方)金额										付出(贷方)金额										结余金额									
月	日					千	百	十	万	千	百	十	元	角	分	千	百	十	万	千	百	十	元	角	分	千	百	十	万	千	百	十	元	角	分

年		凭证号数	对方科目	摘　　要	√	收入（借方）金额										付出（贷方）金额										结余金额									
月	日					千	百	十	万	千	百	十	元	角	分	千	百	十	万	千	百	十	元	角	分	千	百	十	万	千	百	十	元	角	分

年		凭证号数	对方科目	摘　　要	√	收入(借方)金额										付出(贷方)金额										结余金额									
月	日					千	百	十	万	千	百	十	元	角	分	千	百	十	万	千	百	十	元	角	分	千	百	十	万	千	百	十	元	角	分

年		凭证号数	对方科目	摘　　要	√	收入(借方)金额										付出(贷方)金额										结余金额									
月	日					千	百	十	万	千	百	十	元	角	分	千	百	十	万	千	百	十	元	角	分	千	百	十	万	千	百	十	元	角	分

年		凭证号数	对方科目	摘要	√	收入(借方)金额										付出(贷方)金额										结余金额									
月	日					千	百	十	万	千	百	十	元	角	分	千	百	十	万	千	百	十	元	角	分	千	百	十	万	千	百	十	元	角	分

年		凭证号数	对方科目	摘　　要	√	收入(借方)金额										付出(贷方)金额										结余金额									
月	日					千	百	十	万	千	百	十	元	角	分	千	百	十	万	千	百	十	元	角	分	千	百	十	万	千	百	十	元	角	分

账簿启用及交接表

机构名称		印鉴
账簿名称	（第　　册）	
账簿编号		
账簿页数	本账簿共计　　页（本账簿页数检点人盖章　　）	
启用日期	公元　　年　　月　　日	

	负责人		主办会计		复核		记账	
经营人员	姓名	盖章	姓名	盖章	姓名	盖章	姓名	盖章

	经营人员		接管				交出			
接交记录	职别	姓名	年	月	日	盖章	年	月	日	盖章

备注	

账簿目录表

账户名称	账号	总页码	账户名称	账号	总页码	账户名称	账号	总页码

年		凭证号数	对方科目	摘要	√	收入（借方）金额										付出（贷方）金额										结余金额									
月	日					千	百	十	万	千	百	十	元	角	分	千	百	十	万	千	百	十	元	角	分	千	百	十	万	千	百	十	元	角	分

年		凭证号数	对方科目	摘　要	√	收入(借方)金额										付出(贷方)金额										结余金额									
月	日					千	百	十	万	千	百	十	元	角	分	千	百	十	万	千	百	十	元	角	分	千	百	十	万	千	百	十	元	角	分

年		凭证号数	对方科目	摘　　要	√	收入(借方)金额										付出(贷方)金额										结余金额									
月	日					千	百	十	万	千	百	十	元	角	分	千	百	十	万	千	百	十	元	角	分	千	百	十	万	千	百	十	元	角	分

年		凭证号数	对方科目	摘要	√	收入（借方）金额										付出（贷方）金额										结余金额									
月	日					千	百	十	万	千	百	十	元	角	分	千	百	十	万	千	百	十	元	角	分	千	百	十	万	千	百	十	元	角	分

年		凭证号数	对方科目	摘　　要	√	收入（借方）金额										付出（贷方）金额										结余金额									
月	日					千	百	十	万	千	百	十	元	角	分	千	百	十	万	千	百	十	元	角	分	千	百	十	万	千	百	十	元	角	分

年		凭证号数	对方科目	摘要	√	收入(借方)金额										付出(贷方)金额										结余金额									
月	日					千	百	十	万	千	百	十	元	角	分	千	百	十	万	千	百	十	元	角	分	千	百	十	万	千	百	十	元	角	分

年		凭证号数	对方科目	摘 要	√	收入(借方)金额										付出(贷方)金额										结余金额									
月	日					千	百	十	万	千	百	十	元	角	分	千	百	十	万	千	百	十	元	角	分	千	百	十	万	千	百	十	元	角	分

年		凭证号数	对方科目	摘　　要	√	收入（借方）金额										付出（贷方）金额										结余金额									
月	日					千	百	十	万	千	百	十	元	角	分	千	百	十	万	千	百	十	元	角	分	千	百	十	万	千	百	十	元	角	分

年		凭证号数	对方科目	摘要	√	收入（借方）金额										付出（贷方）金额										结余金额									
月	日					千	百	十	万	千	百	十	元	角	分	千	百	十	万	千	百	十	元	角	分	千	百	十	万	千	百	十	元	角	分

年		凭证号数	对方科目	摘要	√	收入(借方)金额										付出(贷方)金额										结余金额									
月	日					千	百	十	万	千	百	十	元	角	分	千	百	十	万	千	百	十	元	角	分	千	百	十	万	千	百	十	元	角	分

年		凭证号数	对方科目	摘　　要	√	收入(借方)金额										付出(贷方)金额										结余金额									
月	日					千	百	十	万	千	百	十	元	角	分	千	百	十	万	千	百	十	元	角	分	千	百	十	万	千	百	十	元	角	分

年		凭证号数	对方科目	摘要	√	收入（借方）金额										付出（贷方）金额										结余金额									
月	日					千	百	十	万	千	百	十	元	角	分	千	百	十	万	千	百	十	元	角	分	千	百	十	万	千	百	十	元	角	分

年		凭证号数	对方科目	摘要	√	收入(借方)金额										付出(贷方)金额										结余金额									
月	日					千	百	十	万	千	百	十	元	角	分	千	百	十	万	千	百	十	元	角	分	千	百	十	万	千	百	十	元	角	分

年		凭证号数	对方科目	摘要	√	收入（借方）金额										付出（贷方）金额										结余金额									
月	日					千	百	十	万	千	百	十	元	角	分	千	百	十	万	千	百	十	元	角	分	千	百	十	万	千	百	十	元	角	分

账簿启用及交接表

机构名称		印鉴
账簿名称	（第　　册）	
账簿编号		
账簿页数	本账簿共计　　页（本账簿页数 检点人盖章　　）	
启用日期	公元　　年　　月　　日	

经营人员	负责人		主办会计		复核		记账	
	姓名	盖章	姓名	盖章	姓名	盖章	姓名	盖章

接交记录	经营人员		接管				交出			
	职别	姓名	年	月	日	盖章	年	月	日	盖章

备注	

账 簿 目 录 表

账 户 名 称	账号	总页码	账 户 名 称	账号	总页码	账 户 名 称	账号	总页码

明细科目：
类　　别：　　　　品名：　　　　计量单位：

年		凭证		摘要	借方												贷方												借或贷	余额											
月	日	种类	号数		单价	数量	金额										单价	数量	金额											单价	数量	金额									
							千	百	十	万	千	百	十	元	角	分			千	百	十	万	千	百	十	元	角	分				千	百	十	万	千	百	十	元	角	分

明细科目：

类　　别：　　　　　　　　　　品名：　　　　　　　　　　计量单位：

年		凭证		摘要	借方												贷方												借或贷	余额											
月	日	种类	号数		单价	数量	金额										单价	数量	金额											单价	数量	金额									
							千	百	十	万	千	百	十	元	角	分			千	百	十	万	千	百	十	元	角	分				千	百	十	万	千	百	十	元	角	分

明细科目：

类　别：　　　　　　　　品名：　　　　　　　　计量单位：

年		凭证		摘要	借方												贷方												借或贷	余额											
月	日	种类	号数		单价	数量	金额										单价	数量	金额											单价	数量	金额									
							千	百	十	万	千	百	十	元	角	分			千	百	十	万	千	百	十	元	角	分				千	百	十	万	千	百	十	元	角	分

明细科目：

类　　别：　　　　品名：　　　　计量单位：

年		凭证		摘要	借方												贷方												借或贷	余额											
月	日	种类	号数		单价	数量	金额										单价	数量	金额											单价	数量	金额									
							千	百	十	万	千	百	十	元	角	分			千	百	十	万	千	百	十	元	角	分				千	百	十	万	千	百	十	元	角	分

明细科目：

类　　别：　　　　　　　　品名：　　　　　　　　计量单位：

年		凭证		摘要	借方												贷方												借或贷	余额											
月	日	种类	号数		单价	数量	金额										单价	数量	金额											单价	数量	金额									
							千	百	十	万	千	百	十	元	角	分			千	百	十	万	千	百	十	元	角	分				千	百	十	万	千	百	十	元	角	分

明细科目：

类　　别：　　　　　　　　　　品名：　　　　　　　　　　计量单位：

年		凭证		摘要	借方												贷方												借或贷	余额											
月	日	种类	号数		单价	数量	金额										单价	数量	金额											单价	数量	金额									
							千	百	十	万	千	百	十	元	角	分			千	百	十	万	千	百	十	元	角	分				千	百	十	万	千	百	十	元	角	分

明细科目：

类　　别：　　　　　　　　品名：　　　　　　　　计量单位：

年		凭证		摘要	借方												贷方												借或贷	余额											
月	日	种类	号数		单价	数量	金额										单价	数量	金额											单价	数量	金额									
							千	百	十	万	千	百	十	元	角	分			千	百	十	万	千	百	十	元	角	分				千	百	十	万	千	百	十	元	角	分

明细科目：
类　别：　　　　品名：　　　　计量单位：

年		凭证		摘要	借方												贷方												借或贷	余额											
月	日	种类	号数		单价	数量	金额										单价	数量	金额											单价	数量	金额									
							千	百	十	万	千	百	十	元	角	分			千	百	十	万	千	百	十	元	角	分				千	百	十	万	千	百	十	元	角	分

明细科目：

类　　别：　　　　　　品名：　　　　　　计量单位：

年		凭证		摘要	借方												贷方												借或贷	余额											
月	日	种类	号数		单价	数量	金额										单价	数量	金额											单价	数量	金额									
							千	百	十	万	千	百	十	元	角	分			千	百	十	万	千	百	十	元	角	分				千	百	十	万	千	百	十	元	角	分

明细科目：

类　别：　　　　品名：　　　　计量单位：

年		凭证		摘要	借方												贷方												借或贷	余额											
月	日	种类	号数		单价	数量	金额										单价	数量	金额											单价	数量	金额									
							千	百	十	万	千	百	十	元	角	分			千	百	十	万	千	百	十	元	角	分				千	百	十	万	千	百	十	元	角	分

明细科目：

类　　别：　　　　　　　　品名：　　　　　　　　计量单位：

年		凭证		摘要	借方												贷方												借或贷	余额											
月	日	种类	号数		单价	数量	金额										单价	数量	金额											单价	数量	金额									
							千	百	十	万	千	百	十	元	角	分			千	百	十	万	千	百	十	元	角	分				千	百	十	万	千	百	十	元	角	分

明细科目：

类　别：　　　　品名：　　　　计量单位：

年		凭证		摘要	借方												贷方												借或贷	余额											
月	日	种类	号数		单价	数量	金额										单价	数量	金额											单价	数量	金额									
							千	百	十	万	千	百	十	元	角	分			千	百	十	万	千	百	十	元	角	分				千	百	十	万	千	百	十	元	角	分

明细科目：

类　　别：　　　　品名：　　　　计量单位：

年		凭证		摘要	借方												贷方												借或贷	余额											
月	日	种类	号数		单价	数量	金额										单价	数量	金额											单价	数量	金额									
							千	百	十	万	千	百	十	元	角	分			千	百	十	万	千	百	十	元	角	分				千	百	十	万	千	百	十	元	角	分

明细科目：

类　别：　　　　品名：　　　　计量单位：

年		凭证		摘要	借方												贷方												借或贷	余额											
月	日	种类	号数		单价	数量	金额										单价	数量	金额											单价	数量	金额									
							千	百	十	万	千	百	十	元	角	分			千	百	十	万	千	百	十	元	角	分				千	百	十	万	千	百	十	元	角	分

账簿启用及交接表

机构名称		印鉴
账簿名称	（第　　册）	
账簿编号		
账簿页数	本账簿共计　　页（本账簿页数 检点人盖章　　）	
启用日期	公元　　年　　月　　日	

经营人员	负责人		主办会计		复核		记账	
	姓名	盖章	姓名	盖章	姓名	盖章	姓名	盖章

接交记录	经营人员		接管				交出			
	职别	姓名	年	月	日	盖章	年	月	日	盖章

备注	

账 簿 目 录 表

账 户 名 称	账号	总页码	账 户 名 称	账号	总页码	账 户 名 称	账号	总页码

账 簿 目 录 表

账 户 名 称	账号	总页码	账 户 名 称	账号	总页码	账 户 名 称	账号	总页码

应交增值税

年		凭证		摘要	借																																											
					进项税额											已交税金																																
月	日	种类	号数		亿	千	百	十	万	千	百	十	元	角	分	亿	千	百	十	万	千	百	十	元	角	分	亿	千	百	十	万	千	百	十	元	角	分	亿	千	百	十	万	千	百	十	元	角	分

明　细　账

明细科目 应　交　增　值　税

方		贷			方	借/贷	余　额
目	合　计	销　项　税　额	出　口　退　税	进项税额转出	合　计		
亿千百十万千百十元角分	亿千百十万千百十元角分	亿千百十万千百十元角分	亿千百十万千百十元角分	亿千百十万千百十元角分	亿千百十万千百十元角分		亿千百十万千百十元角分

应交增值税

年		凭证		摘要	借																																											
					进项税额											已交税金																																
月	日	种类	号数		亿	千	百	十	万	千	百	十	元	角	分	亿	千	百	十	万	千	百	十	元	角	分	亿	千	百	十	万	千	百	十	元	角	分	亿	千	百	十	万	千	百	十	元	角	分

明　细　账

明细科目 应　交　增　值　税

方		贷			方	借/贷	余　额
目	合　计	销　项　税　额	出　口　退　税	进项税额转出	合　计		
亿千百十万千百十元角分	亿千百十万千百十元角分	亿千百十万千百十元角分	亿千百十万千百十元角分	亿千百十万千百十元角分	亿千百十万千百十元角分		亿千百十万千百十元角分

应交增值税

年		凭证		摘要	借																																											
月	日	种类	号数		进项税额											已交税金																																
					亿	千	百	十	万	千	百	十	元	角	分	亿	千	百	十	万	千	百	十	元	角	分	亿	千	百	十	万	千	百	十	元	角	分	亿	千	百	十	万	千	百	十	元	角	分

明 细 账

明细科目 应 交 增 值 税

方																						贷 方																																														借/贷	余额										
目											合计											销项税额											出口退税											进项税额转出											合计																						
亿	千	百	十	万	千	百	十	元	角	分	亿	千	百	十	万	千	百	十	元	角	分	亿	千	百	十	万	千	百	十	元	角	分	亿	千	百	十	万	千	百	十	元	角	分	亿	千	百	十	万	千	百	十	元	角	分	亿	千	百	十	万	千	百	十	元	角	分		亿	千	百	十	万	千	百	十	元	角	分

应交增值税

年		凭证		摘要	借																																											
月	日	种类	号数		进项税额											已交税金																																
					亿	千	百	十	万	千	百	十	元	角	分	亿	千	百	十	万	千	百	十	元	角	分	亿	千	百	十	万	千	百	十	元	角	分	亿	千	百	十	万	千	百	十	元	角	分

明　细　账

明细科目应　交　增　值　税

方		贷		方		借/贷	余　额
目	合　计	销　项　税　额	出　口　退　税	进项税额转出	合　计		
亿千百十万千百十元角分	亿千百十万千百十元角分	亿千百十万千百十元角分	亿千百十万千百十元角分	亿千百十万千百十元角分	亿千百十万千百十元角分		亿千百十万千百十元角分

应交增值税

年		凭证		摘要	借																																											
月	日	种类	号数		进项税额											已交税金																																
					亿	千	百	十	万	千	百	十	元	角	分	亿	千	百	十	万	千	百	十	元	角	分	亿	千	百	十	万	千	百	十	元	角	分	亿	千	百	十	万	千	百	十	元	角	分

明　细　账

明细科目 应　交　增　值　税

方		贷		方		借/贷	余　额
目	合　计	销　项　税　额	出　口　退　税	进项税额转出	合　计		
亿千百十万千百十元角分	亿千百十万千百十元角分	亿千百十万千百十元角分	亿千百十万千百十元角分	亿千百十万千百十元角分	亿千百十万千百十元角分		亿千百十万千百十元角分

应交增值税

年		凭证		摘要	借																																											
					进项税额											已交税金																																
月	日	种类	号数		亿	千	百	十	万	千	百	十	元	角	分	亿	千	百	十	万	千	百	十	元	角	分	亿	千	百	十	万	千	百	十	元	角	分	亿	千	百	十	万	千	百	十	元	角	分

明　细　账

明细科目 应　交　增　值　税

方		贷		方		借/贷	余　额
目	合　计	销　项　税　额	出　口　退　税	进项税额转出	合　计		
亿千百十万千百十元角分	亿千百十万千百十元角分	亿千百十万千百十元角分	亿千百十万千百十元角分	亿千百十万千百十元角分	亿千百十万千百十元角分		亿千百十万千百十元角分

账 簿 启 用 及 交 接 表

机构名称		印鉴
账簿名称	（第　　　册）	
账簿编号		
账簿页数	本账簿共计　　　页（本账簿页数 检点人盖章　　　）	
启用日期	公元　　　年　　　月　　　日	

经营人员	负责人		主办会计		复核		记账	
	姓名	盖章	姓名	盖章	姓名	盖章	姓名	盖章

接交记录	经营人员		接管				交出			
	职别	姓名	年	月	日	盖章	年	月	日	盖章

备注	

账 簿 目 录 表

账 户 名 称	账号	总页码	账 户 名 称	账号	总页码	账 户 名 称	账号	总页码

级科目

级科目

年		凭证		摘要																																																																										
月	日	种类	号数		百	十	万	千	百	十	元	角	分	百	十	万	千	百	十	元	角	分	百	十	万	千	百	十	元	角	分	百	十	万	千	百	十	元	角	分	百	十	万	千	百	十	元	角	分	百	十	万	千	百	十	元	角	分	百	十	万	千	百	十	元	角	分	百	十	万	千	百	十	元	角	分

级科目

级科目

年		凭证		摘要																																																																								
月	日	种类	号数		百	十	万	千	百	十	元	角	分	百	十	万	千	百	十	元	角	分	百	十	万	千	百	十	元	角	分	百	十	万	千	百	十	元	角	分	百	十	万	千	百	十	元	角	分	百	十	万	千	百	十	元	角	分	百	十	万	千	百	十	元	角	分	百	十	万	千	百	十	元	角	分

级科目

级科目

年		凭证		摘要																																																																						
月	日	种类	号数		百	十	万	千	百	十	元	角	分	百	十	万	千	百	十	元	角	分	百	十	万	千	百	十	元	角	分	百	十	万	千	百	十	元	角	分	百	十	万	千	百	十	元	角	分	百	十	万	千	百	十	元	角	分	百	十	万	千	百	十	元	角	分	百	十	万	千	百	十	元	角	分

级科目
级科目

年		凭证		摘要																																																																					
月	日	种类	号数		百	十	万	千	百	十	元	角	分	百	十	万	千	百	十	元	角	分	百	十	万	千	百	十	元	角	分	百	十	万	千	百	十	元	角	分	百	十	万	千	百	十	元	角	分	百	十	万	千	百	十	元	角	分	百	十	万	千	百	十	元	角	分	百	十	万	千	百	十	元	角	分

______级科目______
______级科目______

年		凭证		摘要																																																																							
月	日	种类	号数		百	十	万	千	百	十	元	角	分	百	十	万	千	百	十	元	角	分	百	十	万	千	百	十	元	角	分	百	十	万	千	百	十	元	角	分	百	十	万	千	百	十	元	角	分	百	十	万	千	百	十	元	角	分	百	十	万	千	百	十	元	角	分	百	十	万	千	百	十	元	角	分

级科目

级科目

年		凭证		摘要																																																																								
月	日	种类	号数		百	十	万	千	百	十	元	角	分	百	十	万	千	百	十	元	角	分	百	十	万	千	百	十	元	角	分	百	十	万	千	百	十	元	角	分	百	十	万	千	百	十	元	角	分	百	十	万	千	百	十	元	角	分	百	十	万	千	百	十	元	角	分	百	十	万	千	百	十	元	角	分

级科目
级科目

年		凭证		摘要																																																																							
月	日	种类	号数		百	十	万	千	百	十	元	角	分	百	十	万	千	百	十	元	角	分	百	十	万	千	百	十	元	角	分	百	十	万	千	百	十	元	角	分	百	十	万	千	百	十	元	角	分	百	十	万	千	百	十	元	角	分	百	十	万	千	百	十	元	角	分	百	十	万	千	百	十	元	角	分

级科目

级科目

年		凭证		摘要																																																																						
月	日	种类	号数		百	十	万	千	百	十	元	角	分	百	十	万	千	百	十	元	角	分	百	十	万	千	百	十	元	角	分	百	十	万	千	百	十	元	角	分	百	十	万	千	百	十	元	角	分	百	十	万	千	百	十	元	角	分	百	十	万	千	百	十	元	角	分	百	十	万	千	百	十	元	角	分

级科目

级科目

年		凭证		摘要								
月	日	种类	号数		百十万千百十元角分	百十万千百十元角分	百十万千百十元角分	百十万千百十元角分	百十万千百十元角分	百十万千百十元角分	百十万千百十元角分	百十万千百十元角分

级科目

级科目

年		凭证		摘要																																																																								
月	日	种类	号数		百	十	万	千	百	十	元	角	分	百	十	万	千	百	十	元	角	分	百	十	万	千	百	十	元	角	分	百	十	万	千	百	十	元	角	分	百	十	万	千	百	十	元	角	分	百	十	万	千	百	十	元	角	分	百	十	万	千	百	十	元	角	分	百	十	万	千	百	十	元	角	分

级科目

级科目

年		凭证		摘要																																																																							
月	日	种类	号数		百	十	万	千	百	十	元	角	分	百	十	万	千	百	十	元	角	分	百	十	万	千	百	十	元	角	分	百	十	万	千	百	十	元	角	分	百	十	万	千	百	十	元	角	分	百	十	万	千	百	十	元	角	分	百	十	万	千	百	十	元	角	分	百	十	万	千	百	十	元	角	分

级科目

级科目

年		凭证		摘要																																																																					
月	日	种类	号数		百	十	万	千	百	十	元	角	分	百	十	万	千	百	十	元	角	分	百	十	万	千	百	十	元	角	分	百	十	万	千	百	十	元	角	分	百	十	万	千	百	十	元	角	分	百	十	万	千	百	十	元	角	分	百	十	万	千	百	十	元	角	分	百	十	万	千	百	十	元	角	分

级科目

级科目

年		凭证		摘要																																																																							
月	日	种类	号数		百	十	万	千	百	十	元	角	分	百	十	万	千	百	十	元	角	分	百	十	万	千	百	十	元	角	分	百	十	万	千	百	十	元	角	分	百	十	万	千	百	十	元	角	分	百	十	万	千	百	十	元	角	分	百	十	万	千	百	十	元	角	分	百	十	万	千	百	十	元	角	分

级科目

级科目

年		凭证		摘要																																																																					
月	日	种类	号数		百	十	万	千	百	十	元	角	分	百	十	万	千	百	十	元	角	分	百	十	万	千	百	十	元	角	分	百	十	万	千	百	十	元	角	分	百	十	万	千	百	十	元	角	分	百	十	万	千	百	十	元	角	分	百	十	万	千	百	十	元	角	分	百	十	万	千	百	十	元	角	分

级科目

级科目

年		凭证		摘要																																																																						
月	日	种类	号数		百	十	万	千	百	十	元	角	分	百	十	万	千	百	十	元	角	分	百	十	万	千	百	十	元	角	分	百	十	万	千	百	十	元	角	分	百	十	万	千	百	十	元	角	分	百	十	万	千	百	十	元	角	分	百	十	万	千	百	十	元	角	分	百	十	万	千	百	十	元	角	分

级科目

级科目

年		凭证		摘要																																																																							
月	日	种类	号数		百	十	万	千	百	十	元	角	分	百	十	万	千	百	十	元	角	分	百	十	万	千	百	十	元	角	分	百	十	万	千	百	十	元	角	分	百	十	万	千	百	十	元	角	分	百	十	万	千	百	十	元	角	分	百	十	万	千	百	十	元	角	分	百	十	万	千	百	十	元	角	分

级科目
级科目

年		凭证		摘要								
月	日	种类	号数		百十万千百十元角分	百十万千百十元角分	百十万千百十元角分	百十万千百十元角分	百十万千百十元角分	百十万千百十元角分	百十万千百十元角分	百十万千百十元角分

年		凭证号数	摘要	1									2									3									4									5									6									7								
月	日			百	十	万	千	百	十	元	角	分	百	十	万	千	百	十	元	角	分	百	十	万	千	百	十	元	角	分	百	十	万	千	百	十	元	角	分	百	十	万	千	百	十	元	角	分	百	十	万	千	百	十	元	角	分	百	十	万	千	百	十	元	角	分

……级科目编号及名称……………………

……级科目编号及名称……………………

8	9	10	11	12	13	14	15	16
百十万千百十元角分	百十万千百十元角分	百十万千百十元角分	百十万千百十元角分	百十万千百十元角分	百十万千百十元角分	百十万千百十元角分	百十万千百十元角分	百十万千百十元角分

年		凭证号数	摘要	1									2									3									4									5									6									7								
月	日			百	十	万	千	百	十	元	角	分	百	十	万	千	百	十	元	角	分	百	十	万	千	百	十	元	角	分	百	十	万	千	百	十	元	角	分	百	十	万	千	百	十	元	角	分	百	十	万	千	百	十	元	角	分	百	十	万	千	百	十	元	角	分

级科目编号及名称
级科目编号及名称

8	9	10	11	12	13	14	15	16
百十万千百十元角分	百十万千百十元角分	百十万千百十元角分	百十万千百十元角分	百十万千百十元角分	百十万千百十元角分	百十万千百十元角分	百十万千百十元角分	百十万千百十元角分

账簿启用及交接表

机构名称		印鉴
账簿名称	（第　　册）	
账簿编号		
账簿页数	本账簿共计　　页（本账簿页数 检点人盖章　　）	
启用日期	公元　　年　　月　　日	

经营人员	负责人		主办会计		复核		记账	
	姓名	盖章	姓名	盖章	姓名	盖章	姓名	盖章

接交记录	经营人员		接管				交出			
	职别	姓名	年	月	日	盖章	年	月	日	盖章

备注	

账　簿　目　录　表

账　户　名　称	账号	总页码	账　户　名　称	账号	总页码	账　户　名　称	账号	总页码

级科目编号及名称

级科目编号及名称

年		凭证		摘要	对应科目	日页	借方											贷方											借或贷	余额										
月	日	种类	号数				千	百	十	万	千	百	十	元	角	分	√	千	百	十	万	千	百	十	元	角	分	√		千	百	十	万	千	百	十	元	角	分	√

级科目编号及名称
级科目编号及名称

年		凭证		摘要	对应科目	日页	借方											贷方											借或贷	余额										
月	日	种类	号数				千	百	十	万	千	百	十	元	角	分	√	千	百	十	万	千	百	十	元	角	分	√		千	百	十	万	千	百	十	元	角	分	√

级科目编号及名称

级科目编号及名称

年		凭证		摘要	对应科目	日页	借方											贷方											借或贷	余额										
月	日	种类	号数				千	百	十	万	千	百	十	元	角	分	√	千	百	十	万	千	百	十	元	角	分	√		千	百	十	万	千	百	十	元	角	分	√

级科目编号及名称
级科目编号及名称

年		凭证		摘要	对应科目	日页	借方											贷方											借或贷	余额										
月	日	种类	号数				千	百	十	万	千	百	十	元	角	分	√	千	百	十	万	千	百	十	元	角	分	√		千	百	十	万	千	百	十	元	角	分	√

……级科目编号及名称……

……级科目编号及名称……

年		凭证		摘要	对应科目	日页	借方											贷方											借或贷	余额										
月	日	种类	号数				千	百	十	万	千	百	十	元	角	分	√	千	百	十	万	千	百	十	元	角	分	√		千	百	十	万	千	百	十	元	角	分	√

……级科目编号及名称……

……级科目编号及名称……

年		凭证		摘要	对应科目	日页	借方											贷方											借或贷	余额										
月	日	种类	号数				千	百	十	万	千	百	十	元	角	分	√	千	百	十	万	千	百	十	元	角	分	√		千	百	十	万	千	百	十	元	角	分	√

级科目编号及名称
级科目编号及名称

年		凭证		摘要	对应科目	日页	借方											贷方											借或贷	余额										
月	日	种类	号数				千	百	十	万	千	百	十	元	角	分	√	千	百	十	万	千	百	十	元	角	分	√		千	百	十	万	千	百	十	元	角	分	√

级科目编号及名称

级科目编号及名称

年		凭证		摘要	对应科目	日页	借方											贷方											借或贷	余额										
月	日	种类	号数				千	百	十	万	千	百	十	元	角	分	√	千	百	十	万	千	百	十	元	角	分	√		千	百	十	万	千	百	十	元	角	分	√

……级科目编号及名称……

……级科目编号及名称……

年		凭证		摘要	对应科目	日页	借方											贷方											借或贷	余额										
月	日	种类	号数				千	百	十	万	千	百	十	元	角	分	√	千	百	十	万	千	百	十	元	角	分	√		千	百	十	万	千	百	十	元	角	分	√

级科目编号及名称

级科目编号及名称

年		凭证		摘要	对应科目	日页	借方											贷方											借或贷	余额										
月	日	种类	号数				千	百	十	万	千	百	十	元	角	分	√	千	百	十	万	千	百	十	元	角	分	√		千	百	十	万	千	百	十	元	角	分	√

级科目编号及名称

级科目编号及名称

年		凭证		摘要	对应科目	日页	借方											贷方											借或贷	余额										
月	日	种类	号数				千	百	十	万	千	百	十	元	角	分	√	千	百	十	万	千	百	十	元	角	分	√		千	百	十	万	千	百	十	元	角	分	√

级科目编号及名称

级科目编号及名称

年		凭证		摘要	对应科目	日页	借方											贷方											借或贷	余额										
月	日	种类	号数				千	百	十	万	千	百	十	元	角	分	√	千	百	十	万	千	百	十	元	角	分	√		千	百	十	万	千	百	十	元	角	分	√

级科目编号及名称

级科目编号及名称

年		凭证		摘要	对应科目	日页	借方											贷方											借或贷	余额										
月	日	种类	号数				千	百	十	万	千	百	十	元	角	分	√	千	百	十	万	千	百	十	元	角	分	√		千	百	十	万	千	百	十	元	角	分	√

……级科目编号及名称……

……级科目编号及名称……

年		凭证		摘要	对应科目	日页	借方											贷方											借或贷	余额										
月	日	种类	号数				千	百	十	万	千	百	十	元	角	分	√	千	百	十	万	千	百	十	元	角	分	√		千	百	十	万	千	百	十	元	角	分	√

级科目编号及名称

级科目编号及名称

年		凭证		摘要	对应科目	日页	借方											贷方											借或贷	余额										
月	日	种类	号数				千	百	十	万	千	百	十	元	角	分	√	千	百	十	万	千	百	十	元	角	分	√		千	百	十	万	千	百	十	元	角	分	√

级科目编号及名称
级科目编号及名称

年		凭证		摘要	对应科目	日页	借方											贷方											借或贷	余额										
月	日	种类	号数				千	百	十	万	千	百	十	元	角	分	√	千	百	十	万	千	百	十	元	角	分	√		千	百	十	万	千	百	十	元	角	分	√

级科目编号及名称

级科目编号及名称

年		凭证		摘要	对应科目	日页	借方											贷方											借或贷	余额										
月	日	种类	号数				千	百	十	万	千	百	十	元	角	分	√	千	百	十	万	千	百	十	元	角	分	√		千	百	十	万	千	百	十	元	角	分	√

______ 级科目编号及名称 ______
______ 级科目编号及名称 ______

年		凭证		摘要	对应科目	日页	借方											贷方											借或贷	余额										
月	日	种类	号数				千	百	十	万	千	百	十	元	角	分	√	千	百	十	万	千	百	十	元	角	分	√		千	百	十	万	千	百	十	元	角	分	√

级科目编号及名称
级科目编号及名称

年		凭证		摘要	对应科目	日页	借方											贷方											借或贷	余额										
月	日	种类	号数				千	百	十	万	千	百	十	元	角	分	√	千	百	十	万	千	百	十	元	角	分	√		千	百	十	万	千	百	十	元	角	分	√

级科目编号及名称
级科目编号及名称

年		凭证		摘要	对应科目	日页	借方											贷方											借或贷	余额										
月	日	种类	号数				千	百	十	万	千	百	十	元	角	分	√	千	百	十	万	千	百	十	元	角	分	√		千	百	十	万	千	百	十	元	角	分	√

……级科目编号及名称……

……级科目编号及名称……

年		凭证		摘要	对应科目	日页	借方											贷方											借或贷	余额										
月	日	种类	号数				千	百	十	万	千	百	十	元	角	分	√	千	百	十	万	千	百	十	元	角	分	√		千	百	十	万	千	百	十	元	角	分	√

级科目编号及名称

级科目编号及名称

年		凭证		摘要	对应科目	日页	借方											贷方											借或贷	余额										
月	日	种类	号数				千	百	十	万	千	百	十	元	角	分	√	千	百	十	万	千	百	十	元	角	分	√		千	百	十	万	千	百	十	元	角	分	√

级科目编号及名称
级科目编号及名称

年		凭证		摘要	对应科目	日页	借方											贷方											借或贷	余额										
月	日	种类	号数				千	百	十	万	千	百	十	元	角	分	√	千	百	十	万	千	百	十	元	角	分	√		千	百	十	万	千	百	十	元	角	分	√

级科目编号及名称

级科目编号及名称

年		凭证		摘要	对应科目	日页	借方											贷方											借或贷	余额										
月	日	种类	号数				千	百	十	万	千	百	十	元	角	分	√	千	百	十	万	千	百	十	元	角	分	√		千	百	十	万	千	百	十	元	角	分	√

……级科目编号及名称……
……级科目编号及名称……

年		凭证		摘要	对应科目	日页	借方											贷方											借或贷	余额										
月	日	种类	号数				千	百	十	万	千	百	十	元	角	分	√	千	百	十	万	千	百	十	元	角	分	√		千	百	十	万	千	百	十	元	角	分	√

……级科目编号及名称……

……级科目编号及名称……

年		凭证		摘要	对应科目	日页	借方											贷方											借或贷	余额										
月	日	种类	号数				千	百	十	万	千	百	十	元	角	分	√	千	百	十	万	千	百	十	元	角	分	√		千	百	十	万	千	百	十	元	角	分	√

级科目编号及名称

级科目编号及名称

年		凭证		摘要	对应科目	日页	借方											贷方											借或贷	余额										
月	日	种类	号数				千	百	十	万	千	百	十	元	角	分	√	千	百	十	万	千	百	十	元	角	分	√		千	百	十	万	千	百	十	元	角	分	√

……级科目编号及名称……
……级科目编号及名称……

年		凭证		摘要	对应科目	日页	借方											贷方											借或贷	余额										
月	日	种类	号数				千	百	十	万	千	百	十	元	角	分	√	千	百	十	万	千	百	十	元	角	分	√		千	百	十	万	千	百	十	元	角	分	√

级科目编号及名称
级科目编号及名称

年		凭证		摘要	对应科目	日页	借方											贷方											借或贷	余额										
月	日	种类	号数				千	百	十	万	千	百	十	元	角	分	√	千	百	十	万	千	百	十	元	角	分	√		千	百	十	万	千	百	十	元	角	分	√

级科目编号及名称
级科目编号及名称

年		凭证		摘要	对应科目	日页	借方											贷方											借或贷	余额										
月	日	种类	号数				千	百	十	万	千	百	十	元	角	分	√	千	百	十	万	千	百	十	元	角	分	√		千	百	十	万	千	百	十	元	角	分	√

级科目编号及名称

级科目编号及名称

年		凭证		摘要	对应科目	日页	借方											贷方											借或贷	余额										
月	日	种类	号数				千	百	十	万	千	百	十	元	角	分	√	千	百	十	万	千	百	十	元	角	分	√		千	百	十	万	千	百	十	元	角	分	√

级科目编号及名称

级科目编号及名称

年		凭证		摘要	对应科目	日页	借方											贷方											借或贷	余额										
月	日	种类	号数				千	百	十	万	千	百	十	元	角	分	√	千	百	十	万	千	百	十	元	角	分	√		千	百	十	万	千	百	十	元	角	分	√

级科目编号及名称

级科目编号及名称

年		凭证		摘要	对应科目	日页	借方											贷方											借或贷	余额										
月	日	种类	号数				千	百	十	万	千	百	十	元	角	分	√	千	百	十	万	千	百	十	元	角	分	√		千	百	十	万	千	百	十	元	角	分	√

级科目编号及名称

级科目编号及名称

年		凭证		摘要	对应科目	日页	借方											贷方											借或贷	余额										
月	日	种类	号数				千	百	十	万	千	百	十	元	角	分	√	千	百	十	万	千	百	十	元	角	分	√		千	百	十	万	千	百	十	元	角	分	√

级科目编号及名称

级科目编号及名称

年		凭证		摘要	对应科目	日页	借方											贷方											借或贷	余额										
月	日	种类	号数				千	百	十	万	千	百	十	元	角	分	√	千	百	十	万	千	百	十	元	角	分	√		千	百	十	万	千	百	十	元	角	分	√

级科目编号及名称

级科目编号及名称

年		凭证		摘要	对应科目	日页	借方											贷方											借或贷	余额										
月	日	种类	号数				千	百	十	万	千	百	十	元	角	分	√	千	百	十	万	千	百	十	元	角	分	√		千	百	十	万	千	百	十	元	角	分	√

……级科目编号及名称……
……级科目编号及名称……

年		凭证		摘要	对应科目	日页	借方											贷方											借或贷	余额										
月	日	种类	号数				千	百	十	万	千	百	十	元	角	分	√	千	百	十	万	千	百	十	元	角	分	√		千	百	十	万	千	百	十	元	角	分	√

级科目编号及名称

级科目编号及名称

年		凭证		摘要	对应科目	日页	借方											贷方											借或贷	余额										
月	日	种类	号数				千	百	十	万	千	百	十	元	角	分	√	千	百	十	万	千	百	十	元	角	分	√		千	百	十	万	千	百	十	元	角	分	√